Pennsylvania

German

Phrase Book

Published
by

Table of Contents

Table of Contents

PRONUNCIATION GUIDE

SHORT VOWEL SOUNDS

a ....father, hot, rot, dot
datt, fatt, vass, hatt, glatt, vatt, an, am

e ....get, bed, set, met
bett, gevva, geld, vesha, maydel, bukkel

i ....fit, tip, did, miss, wish
Bivvel, pikk, bisht, biss, ich, grohsi

o ....of, oven, love, shove
Gott, hott, shtobb, kobb, lossa, globba

u ....put, soot, stood
hund, mukk, sunn, butza, dutt, shund

ae ....rat, bat, sat, cat
daett, maemm, naett, shlaebba

PRONUNCIATION GUIDE

LONG VOWEL SOUNDS

ay .... hay, say, day, lay
gays, flaysh, kays, ayl, dray, sayna

ee .... feet, heel, seed, meet
kee, beebli, fees, veetz, dreeb, shteel

eiy .... height, sight, right
feiyah, meiya, sheiyah, heiyahra

oh .... road, toad, Oh my!
shohf, broht, roht, bloh, shlohfa, hohf

PRONUNCIATION GUIDE

OTHER VOWEL SOUNDS

au ....laud, laundry, author
gaul, drauva, graut, haut, naus, haus

aw ....law, saw, claw, flaw
haws, glaws, naws, graws, brawf

ei .... their, heir, air, hair *
deitsh, meisli, drei, heit, leit, sei, bei

oo ....moon, spoon, soon
koo, shtool, goot, boova, hoot, bloot

oi ....join, boy, toy, enjoy
Moi, oi, boi, hoi, froiya, groiya

*exception: **ei** is sometimes pronounced like i in time

PRONUNCIATION GUIDE

VOWEL GLIDES

(two English sounds put together)

eah...... (ā + ah)
sheah, beah, deah, eah, leah, veah

iah ...... (ē + ah)
biah, miah, broviah, diah, fiah

oah ..... (ō + ah)
boaht, voahm, goahra, oah, voah

uah ..... (oo + ah)
fuah, shuah, uah, shnuah, naduah

ENDINGS

a .... Florida, China, above
lanna, hoffa, nohma, gukka, havva

ah .... ahh, <u>awl</u>
vassah, bessah, dellah, viddah

PRONUNCIATION GUIDE

CONSONANTS

ch ....(h sound in the back of throat)
mach, sach, ich, mich, dach, sich

ng ....song, ring, bang, sing
shpringa, fanga, langa, shlang

tsh ....(ch sound) child, chin,
Deitsh, hutsh, tshumba, vatsha

z ....pizza, pretzel, roots
katz, zvay, zeit, butza, zung, zebb

r ....beginning of word, normal r
roht, rawt, rumm, rishta, ratt

r ....anywhere else, rolled r
goahra, veahra, fiahra, keahra

If word begins with r, it can be pronounced like an
English r.

Anywhere else r is rolled like a Spanish r.

If you can't roll your r's, pronounce like an English d
instead.

PRONUNCIATION GUIDE

2 LETTER WORD EXCEPTIONS

vi .... is pronounced **vee** with a long e (ē)
as in keep, sheep, tree

do .... is pronounced **doh** with a long o (ō)
as in rode, load, hope

no .... is pronounced **noh** with a long o (ō)
as in rode, load, hope

so .... is pronounced **soh** with a long o (ō)
as in rode, load, hope

vo .... is pronounced **voh** with a long o (ō)
as in rode, load, hope

du .... is pronounced **doo**
as in moon, soon, flu, dew, true

zu .... is pronounced **zoo**
as in moon, soon, flu, dew, true

PRONUNCIATION GUIDE

ENGLISH LOAN WORDS

An English loan word is a word that is borrowed from English and used as a PA-German word.

If the loan word keeps its English pronunciation, it also keeps its English spelling.

example: Nemm da *nut* ab mitt da *wrench*.
                  Take the nut off with the wrench.

If the loan word's pronunciation changes in PA-German, the spelling will reflect this.

example: Eah hott en *robbah shtraebb* grikt.
                  He has gotten a rubber strap.

If the loan word is a verb, usually the root form of the verb remains intact, while the PA-German prefixes and suffixes are added.

example: yoosa   to use

                    gyoost   used

PENNSYLVANIA GERMAN PHRASES

En Glennah Psuch
A Little Visit

Hello. Vi bisht du?
Hello. How are you?

Ich binn goot.
I am good.

'Sis en shaynah dawk heit!
It's a nice day today!

Yau, 'sis.
Yes, it is.

Vi bisht du als am du?
How are things going for you?

Zimlich goot.
Pretty good.

Bisht am bissy bleiva?
Are you staying busy?

Vi sinn dei eldra?
How are your parents?

PENNSYLVANIA GERMAN PHRASES

Si sinn goot.

They are good.

Vi is dei family am du?

How is your family doing?

Recht goot.

Right well.

Sayn dich shpaydah.

See you later.

Mach's goot.

Fare well. (Make it good.)

Yau, du aw.

Yes, you too.

Im Shtoah
In The Store

Hello. Vi bisht du heit?
Hello. How are you today?

'Sis en shaynah dawk, gell?
It's a nice day, isn't it?

Kann ich dich helfa mitt ebbes?
Can I help you with something?

Vass kann ich du fa dich?
What can I do for you?

Vi feel hosht vella?
How much/many did you want?

Is sell alles?
Is that everything?

Vitt du en sakk?
Would you like a bag?

Im Ess Blatz
In The Restaurant

Hello. Vi sind diah heit?
Hello. How are you (plural) today?

Vi feel funn eich sinn 's?
How many of you are there?

Ich binn laynich.
I am alone.

zvay, drei, fiah, fimf sex, sivva, acht
two, three, four, five, six, seven, eight

Ich habb en dish fa eich do hivva.
I have a table for you over here.

Do sinn samm menus. Ich binn glei zrikk.
Here are some menus. I will be back soon.

Vass vellet diah fa drinka?
What would you like to drink?

Ich nemm samm _____.
I will have some _____.

PENNSYLVANIA GERMAN PHRASES

Sind diah ready fa ordra?
Are you ready to order?

Naett gans.
Not quite.

Vellet diah noch may zeit?
Do you want more time?

Yau, ich vill noch bisli zeit.
Yes, I want a little more time.

Yau, miah vella noch bisli zeit.
Yes, we want a little more time.

Is alles awreit?
Is everything alright?

Kann ich dei glaws uf filla?
Can I fill up your glass?

Nay, denki. Ich vill naett may.
No, thanks. I don't want anymore.

Mach's yusht halvah foll.
Just fill it halfway.

Kansht du mei kobli filla?

Can you fill my cup?

Kann ich dei dellah nemma?

Can I take your plate?

Bisht du faddich mitt dei dellah?

Are you finished with your plate?

Vill ennich ebbah dessert?

Does anyone want dessert?

Vass satt boi hend diah?

What kind of pie do you have?

Miah henn sivva sadda.

We have seven kinds.

Ich nemm en shtikk _____ boi.

I will take a piece of _____ pie.

Bavvahra

Farming

Dusht du bavvahra?

Do you farm?

Vi feel akkah hosht du?

How many acres do you have?

Dusht du melka?

Do you milk?

Vi feel kee dusht du melka?

How many cows do you milk?

Vi lang nemd's fa en koo melka?

How long does it take to milk a cow?

Vi feel geil yoosht du in da blook?

How many horses do you use in the plow?

Vi feel akkah kansht du bloowa in ay dawk?

How many acres can you plow in one day?

Dei velshken feld gukt shay.

Your corn field looks nice.

Du hosht shay hoi.
You have nice hay.

Vi feel hinkel hosht du in dei hinkel shtall?
How many chickens do you have in your chicken coop?

Vi feel oiyah laykt en hinkel in ay dawk?
How many eggs does a chicken lay in one day?

Dusht du oiyah fakawfa?
Do you sell eggs?

Vo kann ich oiyah kawfa uf en farm?
Where can I buy eggs on a farm?

Da Goahra
The Garden

Is dess dei goahra?
Is this your garden?

Oh, ich gleich dei goahra!
Oh, I like your garden!

Dei goahra gukt really shay!
Your garden looks really nice!

Ich sayn naett ay veetz shtokk!
I don't see one weed plant!

Ich gleich naett veetz hakka.
I don't like to hoe weeds.

Ich gleich naett veetz robba.
I don't like to pull weeds.

Dusht du dei shtoff shteahra im haus?
Do you start your stuff in the house?

Vi free dusht du eahpsa naus?
How early do you put peas out?

Vass satt eahpsa gleichsht du?
What kind of peas do you like?

Vass satt bawna sinn sell?
What kind of beans are those?

Dei zvivla sinn am goot du.
Your onions are doing good.

Hosht du ennich druvvel mitt keffahra?
Do you have any trouble with bugs?

Sinn dei aebbeahra shund zeidich?
Are your strawberries ripe already?

Dusht du vassmalawna raysa?
Do you raise watermelon?

Vass satt vassmalawna sinn sell?
What kind of watermelons are those?

Sinn di moshmalawna zeidich?
Are the muskmelons ripe?

Dei velshkann is shund oahrich grohs!
Your corn is very tall already!

Shvetza Mitt en Kind
Talking With a Child

Vi haysht du?
What is your name? (How are you called.)

Vass is dei nohma?
What is your name?

Vi ald bisht du?
How old are you?

Gaysht du shund in di shool?
Do you go to school already?

Neksht yoah kansht du in di shool gay.
Next year you can go to school.

Velli grade bisht du?
In which grade are you?

Dauf ich dich hayva?
May I hold you?

Kumm, hokk uf mei shohs.
Come, sit on my lap.

Vella miah en buch gukka?
Shall we look at a book?

Gleichsht du shpringa?
Do you like to run?

Du kansht steik shringa.
You can run fast.

Gleichsht du da puppy?
Do you like the puppy?

Gleichsht du 's kitty?
Do you like the kitty?

Vi hayst dei puppy?
What is your puppy's name?
(How is your puppy called?)

Vi hayst dei kitty?
What is your kitty's name?
(How is your kitty called?)

Hosht du en dolly?
Do you have a doll?

Vi hayst dei dolly?
What is your doll's name?
(How is your dolly called?)

Sell ich dei shoo binna?
Shall I tie your shoe?

Shtobb sell!
Stop that!

Du naett!
Don't!

Kumm moll do rivvah.
Come over here.

Loss mich dich helfa.
Let me help you.

Expressions

Sawk sell viddah.
Say that again.

Sawk sell nochamohl.
Say that once more.

Ich habb dich naett fashtanna.
I didn't understand you.

Ich habb sell naett grikt.
I didn't get that.

Vi hosht ksawt?
How did you say?

Vass hosht ksawt?
What did you say?

Vi voah sell?
How was that?

Shvetz bisli shlohah, please.
Talk a little slower, please.

Shvetz bisli laudah, please.
Talk a little louder, please.

'Sis en shand!
It's a disgrace!

'Sis en aylend!
It's a pitiful situation.

'Sis kenn fashtand!
It's unreasonable/immoderate/unsafe!

Is sell naett ebbes!
Isn't that something!

Sell is really ebbes.
That's really something.

Sell fashtaund mich.
That surprises me.

Ich binn naett fashtaund.
I'm not surprised.

Sell is hatt fa glawva.
That is hard to believe.

PENNSYLVANIA GERMAN PHRASES

'Sis unfashtendich!
It's unbelievable!

Ei 'sis un!
It's amazing!

Maynsht du's!
Do you mean it!

Ich mayn's!
I mean it!

Is sell recht?
Is that right?

Ich habb mich kenn roht gvist.
I didn't know what to do. / I was panic stricken.

'Sis mich en lasht.
I don't look forward to it.

'Sis mich falayt.
I don't look forward to it.

'S shpeit mich.
It grieves me. / I regret it.

Hott sell mich kshpeit!
How that grieved me! / How I regretted that!

Ich shemm mich.
I am embarrassed / ashamed.

Shemm dich!
Shame on you!

Sei shtill!
Be still! / Be quiet!

Fleicht.
Maybe.

Andem.
Probably.

Alsamohl.
Sometimes.

Ich habb en eidi.
Probably.

Ich vays.
I know.

Ich vays naett.

I don't know.

Ich habb fagessa.

I forgot.

Ich kann naett meinda.

I can't remember.

Shpaydah.

Later.

Naett heit.

Not today.

Meiya.

Tomorrow.

Ich gukk moll.

I will see.

Goodi Awshlaygi
Good Manners

Please.
Please.

Denki
Thank you

Grohs dank!
Many thanks!

Ich sawk dank.
Thank you (I say thank you)

Du bisht welcome.
You are welcome.

Excuse mich.
Excuse me.

Ich binn sorry.
I am sorry.

PENNSYLVANIA GERMAN PHRASES

Ausredda
Excusses

Ich habb naett zeit.
I don't have time.

'S nemd zu lang.
It takes too long.

Ich kann naett.
I can't.

Ich vays naett vi.
I don't know how.

'Sis zu hatt.
It's too hard.

Ich vill naett.
I don't want to.

'S kann naett shaffa.
It can't work.

'Sis zu shpoht.
It's too late.

Ich habb's naett gvist.

I didn't know it.

Ich habb naett bessah gvist.

I didn't know better.

Ich habb naett paubes.

I didn't do it on purpose.

Ich habb naett vella.

I didn't want to.

Ich habb's fagessa.

I forgot.

'S hott kenn vayk.

There is no way.

Nimmand kann.

Nobody can.

Zu Moodes
Encouragement

'S nemd naett lang.
It doesn't take long.

Du kansht vann du vitt.
You can if you want to.

Ich veis dich vi.
I will show you how.

'Sis goah naett hatt.
It's not hard at all.

Ich helf dich.
I will help you.

Loss mich dich helfa.
Let me help you.

'Sis alsnoch zeit.
There is still time.

Favass broviahsht 's naett moll?
Why don't you try it?

PENNSYLVANIA GERMAN PHRASES

Gebb naett uf!
Don't give up!

Du hosht bessah gvist.
You knew better.

Du musht bessah acht gevva.
You must be more careful.

Du hosht goot gedu.
You did well.

Hald oh broviahra.
Keep on trying.

'S Macht Nix Aus
It Doesn't Matter

Es shatt nix.
It doesn't hurt. / No harm done.

Sell macht nix aus.
That doesn't matter.

Sell is awreit.
That's alright.

Ich gebb nix drumm.
I don't care.

'S kend shlimmah sei.
It could be worse.

'S is nimmand vay gedu.
Nobody's hurt.

Vassevvah.
Whatever.

PENNSYLVANIA GERMAN PHRASES

Vass?
What?

Vass bisht du am du?
What are you doing?

Vass is dei nohma?
What is your name?

Vass vaysht?
What do you know?

Vass denksht?
What do you think?

Vass vitt du?
What do you want?

Vass vill eah?
What does he want?

Vass is dess?
What is this?

Vass is sell?
What is that?

PENNSYLVANIA GERMAN PHRASES

Vass voah sell?
What was that?

Vass maynsht?
What do you mean?

Vass is am aw gay?
What is going on?

Vass hott gevva?
What happened?

Vass daytsht du du?
What would you do?

Vass hosht du ksawt?
What did you say?

Vass is letz?
What is wrong?

Vass brauchsht?
What do you need?

Vass shunsht?
What else?

PENNSYLVANIA GERMAN PHRASES

Vass hosht du datt?
What do you have there?

Vass macht's aus?
What does it matter?

Vass fa bohm is sell?
What kind of tree is that?

Vass fa blumma sinn selli?
What kind of flowers are those?

Vass satt kucha gleichsht du?
What kind of cake do you like?

Vass zeit is es?
What time is it?

Vass maynd sell?
What does that mean?

Vass maynd _____?
What does _____ mean?

Favass?
Why?

Favass naett?
Why not?

Favass gaysht naett mitt?
Why don't you go along?

Favass is da hund am gautza?
Why is the dog barking?

Favass hosht du sell gedu?
Why did you do that?

Favass shaft dess naett?
Why doesn't this work?

Favass broviahsht 's naett moll?
Why don't you try it once?

Favass hosht nix ksawt?
Why didn't you say something?

Favass naett meiya?
Why not tomorrow?

PENNSYLVANIA GERMAN PHRASES

Favass vitt vissa?
Why do you want to know?

Ich vunnah favass.
I wonder why.

Vaysht du favass?
Do you know why?

Sell is favass.
That is why.

Favass dusht naett?
Why don't you?

Favass frohksht naett?
Why don't you ask?

Favass vitt naett?
Why don't you want to?

Vi?
How?

Vi bisht du?
How are you?

Vi gayt's?
How's it going?

Vi haysht du?
What is your name?

Vi gleichsht du sell?
How do you like that?

Vi dutt ma sell?
How does one do that?

Vi hosht du sell gedu?
How did you do that?

Vi vaysht du?
How do you know?

Vi shaft sell?
How does that work?

PENNSYLVANIA GERMAN PHRASES

Vi lang hosht du do gvoond?

How long have you lived here?

Vi feel kinnah hosht du?

How many children do you have?

Vi ald sinn dei kinnah?

How old are your children?

Vi veit is 's funn do?

How far is it from here?

Vi hohch is sellah silo?

How high is that silo?

Vi grohs is sellah brawlah shtall?

How big is that broiler house?

Vi kumds?

How come?

Vi sawkt ma sell in Dietsh?

How does one say that in Deitsh?

Vi sawkt ma _____ in Deitsh?

How does one say _____ in Deitsh?

Vo?
Where?

Vo is _____?
Where is _____?

Vo sinn _____?
Where are _____?

Vo gaysht du anna?
Where are you going to?

Vo voonsht du?
Where do you live?

Vo shafsht du?
Where do you work?

Vo bisht du uf gvaxa?
Where did you grow up?

Vo gayt deah vayk anna?
Where does this road go to?

Vo heaht dess anna?
Where does this belong to?

PENNSYLVANIA GERMAN PHRASES

Vo kumd dess bei?
Where does this come from?

Vo is di restroom?
Where is the restroom?

Vo kann ich en hoot kawfa?
Where can I buy a hat?

Vo is en goodah blatz fa essa?
Where is a good place to eat?

Funn vo bisht du?
Where are you from?

Vo kann ich's finna?
Where can I find it?

Vo is sellah blatz?
Where is that place?

Veah?
Who?

Veah bisht du?
Who are you?

Veah is dei daett?
Who is your father?

Veah is dei maemm?
Who is your mother?

Veah hott dich kolfa?
Who helped you?

Veah voond datt?
Who lives there?

Veah hott dich sell ksawt?
Who told you that?

Veah dayt naett?
Who wouldn't?

Veah vayst?
Who knows?

PENNSYLVANIA GERMAN PHRASES

Veah kann sawwa?
Who can tell?

Veah hett's gedenkt?
Who would've thought of it?

Veah hott sell gmacht?
Who made that?

Veah vill dess?
Who wants this?

Veah is sell?
Who is that?

Vann?
When?

Vann suit 's dich?
When does it suit you?

Vann vella miah gay?
When do we want to go?

Vann zaylsht du faddich sei?
When will you be finished?

Vann soll ich zrikk kumma?
When shall I come back?

Vann kann ich 's hohla?
When can I come get it?

Vann vitt du middawk essa?
When do you want to eat lunch?

Vann machsht du zu?
When do you close?

Vann machet diah zu?
When do you all close?

PENNSYLVANIA GERMAN PHRASES

Vann is 's sees velshken zeidich?
When is the sweet corn ripe?

Vann sinn di pashing zeidich?
When are the peaches ripe?

Vann drayya di bleddah?
When do the leaves turn?

Vann macha di shtoahra uf?
When do the stores open?

Vann macha di shtoahra zu?
When do the stores close?

Vann hott 's gevva?
When did it happen?

Vann vitt du havva es ich 's du?
When do you want me to do it?

Zeit
Time

Zeit Sawwa
Telling Time

Vass zeit is's?
What time is it?

'Sis halvah ayn.
It's 12:30.

'Sis halvah zvay.
It's 1:30.

'Sis zeyya fabei drei.
It's ten past three.

'Sis faddel fabei fiah.
It's quarter past four.

'Sis faddel ivvah fimf.
It's quarter past five.

'Sis zvansich biss sex.
It's twenty till six.

'Sis faddel biss sivva.

It's quarter till seven.

'Sis zeyya biss acht.

It's ten till eight.

'Sis yusht abaut nein oowah.

It's just about nine o'clock.

'Sis shiah zeyya oowah.

It's almost ten o'clock.

'Sis nett gans elf oowah.

It's not quite eleven o'clock.

'Sis yusht glei zvelf oowah.

It will soon be twelve o'clock.

Zeida Fumm Dawk
Times of the Day

Hosht du 's keaht dimla letsht nacht?
Did you hear it thunder last night?

'Sis kald dimeiya, is 's naett?
It is cold this morning, isn't it?

Dusht du alli meiya so free uf shtay?
Do you get up that early every morning?

Hend diah alli dawk leit do?
Do you have people here every day?

Ich hoff 's veahmd uf heit.
I hope it warms up today.

Denksht 's veahmd uf heit?
Do you think it will warm up today?

Vo is en goodah blatz fa middawk essa?
Where is a good place to eat lunch?

Ich kumm zrikk dinohvet.
I will come back tonight.

PENNSYLVANIA GERMAN PHRASES

Geshtah, Heit un Meiya
Yesterday, Today and Tomorrow

Miah henn abkshteaht geshtah meiya.
We started off yesterday morning.

Geshtah, voahra miah in Ohio gvest.
Yesterday, we were in Ohio.

Geshtrohvet, henn miah gessa in di grohs shtatt.
Last night, we ate in the big city.

Heit, vella miah in di shtatt gay.
Today, we want to go to town.

Heit, voahra miah in di shtatt gvest.
Today, we were in town.

Vass zeit macha di ess bletz uf meiya free?
What time do the restaurants open tomorrow morning?

Vass zeit macha di shtoahra uf meiya free?

What time do the stores open tomorrow morning?

Vass zeit macha di shops uf meiya free?

What time do the shops open tomorrow morning?

Is da shtoah uf meiya?

Is the store open tomorrow?

Is eiyah shtoah uf meiya?

Is your store open tomorrow?

Meiya nochmidawk, vella miah haym shteahra.

Tomorrow afternoon, we want to start home.

Kenna miah meiya ohvet do bleiva?

Can we stay here tomorrow evening?

Dawwa Funn di Voch
Days of the Week

Vo is eiyah gmay am Sundawk?
Where is your church on Sunday?

Vass zeit gaysht du an di eahvet am Moondawk?
What time do you go to work on Monday?

Sinn 's ennichi fenyoos do rumm Deenshdawks?
Are there any auctions around here on Tuesdays?

Vi veyyich Mitvochs?
How about Wednesdays?

Kann ich do bleiva Dunnahshdawk, Freidawk un Samshdawk?
Can I stay here Thursday, Friday and Saturday?

Zeida Fumm Yoah
Times of the Year

Ich mayn free-yoah is di besht zeit fumm yoah.
I think spring is the best time of the year.

Vi voahm vatt 's do im summah?
How warm does it get here in the summer?

Ich gleich di bleddah sayna im shpoht-yoah.
I like to see the leaves in the fall.

Greeyet diah en latt shnay im vindah?
Do you get a lot of snow in the winter?

Hend diah en latt shnay grikt deah vindah?
Did you get a lot of snow this winter?

PENNSYLVANIA GERMAN PHRASES

Lists

Ich gleich _____.
I like _____.

Gleichsht du_____?
Do you like _____?

dess
this

sell
that

fatt gay
going away

do anna kumma
coming here

deah blatz
this place

do bleiva
staying here

deah stoah
this store

di blumma
he flowers

di baym
the trees

geil
horses

kee
cows

di hivla
the hills

dess veddah
this weather

dee supp
this soup

dess dressing
this stuffing

PENNSYLVANIA GERMAN PHRASES

deah grumbeahra mosh
these mashed potatoes

deah ebbel seis
this apple sauce

dee tamaeddes
this tomato / these tomatoes

dess flaysh
this meat

dess broht
this bread

deah kucha
this cake

hunda
to hunt

fisha
to fish

laysa
to read

Ess-Sach
Food

Vass hohsht du katt fa 's meiyet essa?
What did you have for breakfast?

Oiyah, seida shpekk, vasht, toast, cereal un millich, zukkah, panna-kucha, un pashing.
Eggs, bacon, sausage, toast, cereal and milk, sugar, pancakes, and peaches.

Vo voahsht du fa 's middawk?
Where were you for lunch?

Ich habb draus gessa.
I ate out.

Vass hosht du katt?
What did you have?

Grumbeahra mosh un gravy, dressing, hinkel flaysh, salawt, reddich, gayl reeva, broht mitt hunnich, un zvay sadda boi - kasha un ebbel.

Mashed potatoes and gravy, stuffing, chicken, lettuce, radishes, carrots, bread with honey, and two kinds of pie - cherry and apple.

Vo hosht du gessa dinohvet?

Where did you eat tonight?

Ich voah an en ess blatz in di shtatt.

I was at a restaurant in town.

Vass hosht du katt?

What did you have?

Eahpsa, noodla, vasht, kays, frishi aebbeahra, un kucha.

Peas, noodles, sausage, cheese, fresh strawberries, and cake.

Fee

Animals

Hosht du en gaul?

Do you have a horse?

Vass kollah is dei gaul?

What color is your horse?

Vi ald is dei gaul?

How old is your horse?

Hosht du dei gaul shund lang?

Have you had your horse for long?

Vi hayst dei gaul?

What is your horse's name?
(What is your horse called?)

Is 's en goodah gaul?

Is it a good horse?

Vo kann ma geil kawfa?

Where can I buy a horse?

Vass kosht en goodah gaul?

What does a good horse cost?

PENNSYLVANIA GERMAN PHRASES

Dusht du kee melka?

Do you milk cows?

Vi feel kee hosht du?

How many cows do you have?

Vass kosht en koo?

What does a cow cost?

Dusht du hund raysa?

Do you raise dogs?

Vass satt?

What kind?

Favass is da hund am gautza?

Why is the dog barking?

Dauf ich dei katz streicha?

May I pet your cat?

Fangd dei katz meislen?

Does your cat catch mice?

Kann dei katz radda fanga?

Can your cat catch rats?

Hosht du en gays?

Do you have a goat?

Vi feel hinkel un hohna host du?

How many hens and roosters do you have?

Doon dei hinkel oiyah layya?

Do your hens lay eggs?

Dutt ennich ebbah shohf raysa do rumm?

Does anyone raise sheep around here?

Vass satt fayl hend diah do rumm?

What kind of birds do you have around here?

Miah henn amshela, shpatza, grabba un dauva.

We have robins, sparrows, crows and doves.

Gleichsht du shlanga?

Do you like snakes?

Vass fa diahra doon leit hunda do rumm?

What animals do people hunt around here?

Hash, hawsa, shkvalla, un grund sei.
Deer, rabbits, squirrels, and groundhogs.

Vass fa glenni diahra sinn do rumm?
What kinds of little animals are around here?

Shpinna, mukka, shnohka, keffahra, veahm, humla, eema, veshpa, hann aysla, un hoishrekka.
Spiders, flies, mosquitoes, bugs, worms, bumble bees, bees, wasps, hornets, and grasshoppers.

'S Veddah
The Weather

'Sis en shaynah dawk, gell?
It's a nice day, isn't it?

Yau, 'sis oahrich shay!
Yes, it's very nice!

'Sis unblasiahlich draus, gell?
It's unpleasant out, isn't it?

'Sis keel dimeiya, gell?
It's cool this morning, isn't it?

Di luft is feicht, gell?
The air is damp, isn't it?

'Sis voahm un dunshtich, gell?
It's warm and humid, isn't it?

'S voah kald geshtah, gell?
It was cold yesterday, wasn't it?

'Sis nass un moddich heit, gell?
It's wet and muddy today, isn't it?

'Sis really drukka. Miah braucha reyyah.
It's really dry. We need rain.

'S gukt vi reyyah, gell?
It looks like rain, doesn't it?

Yau 's dutt.
Yes, it does.

Denksht 's gebt reyyah?
Do you think it will rain?

Es kend.
It could.

Denksht du 's reyyaht meiya?
Do you think it will rain tomorrow?

Oh, ich daut 's.
Oh, I doubt it.

Ich hoff 's shnayd.
I hope it snows.

'Sis really vindich, is 's naett?
It's really windy, isn't it?

'Sis gans vind shtill.
It's completely calm.
(It's completely wind still.)

'Es voah shay sunnich heit.
It was nice and sunny today.

'S voah dreeb da gans dawk.
It was overcast all day.

'Sis volgich.
It's cloudy.

'Sis am veddah laycha.
Lightning is flashing.

'Sis am dimla.
It's thundering.

Tools

Kann ich dich helfa mitt ebbes?
Can I help you with something?

Mei hammah is fabrocha.
Ich brauch en neiyah.
My hammer is broken.
I need a new one.

Ich brauch samm naykel.
I need some nails.

Ich brauch en sayk.
I need a saw.

Ich brauch en shrauva zeeyah.
I need a screwdriver.

Ich brauch samm shrauva.
I need some screws.

Ich brauch en zengli.
I need pliers.

Hosht du shaufla?
Do you have shovels?

Ich binn am gukka fa en goahra recha.
I am looking for a garden rake.

Ich binn am gukka fa en hakk.
I am looking for a hoe.

Ich vill en shubkeich kawfa.
I want to buy a wheelbarrow.

Ich vill en ax kawfa.
I want to buy an ax.

Ich vill en hols offa kawfa.
I want to buy a wood stove.

Di Kollahs
The Colors

Ich gleich gayli blumma.
I like yellow flowers.

Vass satt sinn selli blohi blummi?
What kind are those blue flowers?

Vass kollah is dei gaul?
Is eah brau adda shvatz?
What color is your horse?
Is he brown or black?

Dei hohf is shay gree.
Your lawn is nice and green.

Vemm sei grohi katz is sell?
Whose gray cat is that?

Ich gleich vann da shnay frish un veis is.
I like when the snow is fresh and white.

Grank un Vay Gedu
Sick and Hurt

Vo kann ich en doktah finna do rumm?
Where can I find a doctor around here?

Is en drug shtoah nayksht do?
Is there a drug store close by?

Ich vill samm pilla kawfa.
I want to buy some pills.

Ich habb kobb vay.
I have a headache.

Mei kind hott oahra vay.
My child has an earache.

Ich habb halsvay.
I have a sore throat.

Ich habb zaw vay.
I have a toothache.

Ich habb bauch vay.
I have a belly ache.

PENNSYLVANIA GERMAN PHRASES

Da John hott bukkel vay.

John has a back ache.

Ich binn grank.

I am sick.

Ich feel naett goot.

I don't feel good.

Ich habb di flu.

I have the flu.

Ich habb 's kald.

I have a cold.

Mei kind hott di raydla.

My child has the measles.

Da William hott sei bay fabrocha.

William broke his leg.

See hott iahra hand kshnidda.

She cut her hand.

Eah hott en eema shtich.

He has a bee sting.

Made in the USA
Middletown, DE
09 September 2023

38251398R00046